… ein Rendezvous mit der Natur

Hansjörg Fiegl · Hanspeter Leiter · Manfred Scheiber

Das Ötztal

Ein Rendezvous mit der Natur

Tecklenborg Verlag

Inhalt

Vorwort

Bischöfe haben höchst verschiedene Aufgaben – aber im Allgemeinen kann man sagen, dass die Förderung, Kommentierung, Begleitung und Segnung von Rendezvous nicht zu den Pflichten eines Oberhirten gehören. Rendezvous funktionieren im Alltag der Liebenden ohne geistlichen Beistand. Aber dieses Buch bemüht sich um ein Rendezvous besonderer Art.
Und dieses Rendezvous berührt auch den Seelsorger. Es geht um die Begegnung mit der Natur eines Tales. Und damit betrifft es im Urlaubsland Tirol Hunderttausende. Dieses Rendezvous will mehr sein als eine fotografische Blütenlese, ein schöner Bildband. Vor Jahrzehnten hat der große Anthropologe Adolf Portmann prophetisch gesagt, dass es angesichts der fortschreitenden Zivilisierung des Menschen in seiner selbstgebauten Welt eine wichtige Aufgabe der Zukunft sein werde, den Menschen immer wieder in Kontakt mit der ursprünglichen Natur zu bringen, weil er das zur Entfaltung seines Menschseins brauche. Das ist das Rendezvous, das die eindrucksvollen Bilder aus dem Ötztal vermitteln wollen. Und aus dem Schauen soll Staunen, Ehrfurcht und eine beglückende Nachdenklichkeit aufblühen.
Auch dieses Rendezvous ist das Eröffnungsritual einer Liebe, die eine neue Lebensqualität schenkt. Und leise, behutsam, aber unaufhaltsam steigt hinter den Lichtspielen in Bergbach und Almlacke, hinter dem Wunder von Blumen und Falter, hinter den blühenden Wiesen und den schimmernden Graten die Überzeugung auf, dass dies alles Schöpfung ist. Und dann könnte es sein, dass beim einen oder anderen aus dem Rendezvous mit der Schöpfung eines mit dem Schöpfer wird.
Und deshalb fällt dieses Rendezvous in mein Ressort – und darum gebe ich diesem Buch gerne meinen Segen mit auf den Weg.

Reinhold Stecher, Altbischof von Innsbruck

… im Tal

Höhe und Tiefe, Berg und Tal, sie bedingen einander. Die Talsohle lässt ihren Blick die waldigen Hänge entlang gleiten hinauf über die saftigen Almmatten bis zum majestätischen Kranz der eisgepanzerten Gipfel. Diese schauen 2.000 m tiefer auf gepflegte Kulturgründe der unterschiedlichen Vegetationen. Berge beengen den Horizont, engen aber nicht ein, machen neugierig auf das Darüber und Dahinter.

Gewaltige Bergstürze, der letzte vor zirka 3.000 Jahren, und die Kräfte der sich vorschiebenden Gletscher machten das Ötztal zu dem, was es von allen anderen Tälern des Alpenraumes unterscheidet: Die Schuttwälle von Muren, Gletschermoränen und Felsabbrüchen geben nur etappenweise den Blick frei auf die einzelnen Talstufen.

Der Weg dorthin zieht sich in Kehren und Talengen immer höher hinauf. Die Vegetation wechselt von Obst beladenen Bäumen in Sautens und Ötz bis zu den mit bunten Almblumen übersäten Bergwiesen in Vent oder Obergurgl – bei einem Höhenunterschied von mehr als eintausend Metern. Die Siedlungen ducken sich an die Hänge, gleichsam Schutz suchend vor den unheilbringenden Wassern der Ache oder der Seitenbäche, aber auch respektvoll den wenigen Kulturgrund aussparend. Die Naturgefahren waren es auch, die Farst, Köfels, Brand oder Burgstein, Granstein und Hochwald entstehen ließen.

Das Ötztal, ein Tal der Superlativen: mit fünfundsechzig Kilometern längstes Quertal der Alpen, höchster Wasserfall Tirols bei Umhausen, Sölden mit der größten Gemeindefläche Österreichs, Obergurgl als einziges Kirchdorf Europas über 1.900 m und die Rofenhöfe als höchstgelegene dauerbesiedelte Bergbauernhöfe der Ostalpen. Den Ötztalern ist es Heimat und Lebensraum, den Gästen Erholungsgebiet und Naturerlebnis.

Auf der Fahrt durch das Tal fällt bei Umhausen das Kirchlein Maria Schnee mitten in den Wiesen auf.
Im 17. Jahrhundert stand etwa 100 m südlich ein gotisches Kirchlein, umgeben von mehr als 30 Gehöften. Im Jahr 1777 brannte das Gotteshaus durch Blitzschlag aus, ebenso 28 Anwesen.
Die Siedlung wurde verlegt, die Kirchenruine 1791 durch eine Mure restlos zerstört. Während der Wirren der Napoleonischen Kriege entstand 1796, „da Tyrol vom Feinde der Franzosen umzinglet wahr", wie es die Deckeninschrift dokumentiert, eine vielbesuchte Wallfahrtskirche an einer sicheren Stelle.

Die Gemeinde Ötz liegt auf der ersten von fünf Talstufen auf 820 m Seehöhe. Die erste gesicherte urkundliche Erwähnung von „Eze" stammt aus dem Jahre 1259. Wegen seines milden Klimas wird der Ort auch als Meran Nordtirols bezeichnet.

Naturkatastrophen gigantischen Ausmaßes haben das Landschaftsbild des Ötztales insbesondere des Umhauser Talbeckens nachhaltig geprägt. Das größte Naturereignis dieser Art war der „Köfler Bergsturz", als ca. 2,2 km^3 Masse ins Tal stürzten und das Ötztal auf einer Länge von drei Kilometern verriegelten. Dabei wurde der Tauferberg aufgeworfen und versperrte seinerseits das Horlachtal. Der Horlachbach bahnte sich einen neuen Weg und stürzt heute als Tirols höchster Wasserfall ins Tal.

Der Weiler Brand oberhalb von Längenfeld besteht aus einem Doppelhof aus dem 18. Jahrhundert und einer kleinen Kapelle. Derzeit wird Brand von einer Familie bewohnt und bewirtschaftet.

Höhensiedlungen sind typisch für das Ötztal. Der Talboden war wegen Überflutungen, Gletscherausbrüchen und Vermurungen in ständiger Gefahr und wurde daher erst spät besiedelt.
Aus diesen Gründen entstanden die ersten Dauersiedlungen in der Höhe auf kleinen Plateaus oder gerodeten Waldlichtungen.

Die exponierteste Dauersiedlung im Ötztal: der Weiler Farst bei Umhausen auf 1.450 m Seehöhe. 1945 zerstörte eine Brandkatastrophe mehrere Wirtschaftsgebäude. Bis in die späten 1960er Jahre hatten die vielen Kinder aus zwei Farster Familien noch ihre eigene Volksschule. Aufgrund der Gegebenheiten mussten die meisten von ihnen ihre Zukunft im Tal suchen. Heute bewirtschaften zehn Menschen den Weiler, erfreulicherweise auch eine junge Familie mit kleinen Kindern. Erst seit Mitte der 1970er Jahre ist Farst über eine schmale Bergstraße erreichbar.

Blicke ins Tal: Von 800 Höhenmetern ziehen sich die Siedlungen
des Tales über insgesamt fünf Talstufen bis auf knapp 2.000 m Seehöhe.
Umhausen liegt auf der zweiten Talstufe.

Heiligkreuz im Ventertal, Gemeinde Sölden. Die Fraktion hieß früher „Kurzlehn",
weil Lawinen wegen der steilen Hänge nur kurze Zeit vom Berg bis zur Talschlucht brauchen.
Das Kirchlein wurde 1804 erbaut und steht auf der einzig lawinensicheren Stelle.

Die älteste urkundlich erwähnte Kirche des Tales steht in Umhausen auf 1.036 m Seehöhe und stammt aus dem Jahre 1220. Sie ist dem Hl. Vitus geweiht und besticht durch ihre wertvollen gotischen Freskenreste und einer Pieta aus dem 14. Jahrhundert.

„Brenta" nennen die Ötztaler den für das Längenfelder Becken typischen Bodennebel. Der Riegel des „Maurachs", verursacht durch den Köfler Bergsturz, staute die Ache auf und es entstand ein großer See. Im Laufe der Jahrtausende bahnte sich die Ötztaler Ache einen neuen Weg, das Wasser floss ab und hinterließ eine sieben Kilometer lange und bis einen Kilometer breite Ebene. Längenfeld, auf 1.179 m über dem Meer, ist heute mit seinen mehr als 4300 Einwohnern in 21 Weilern die bevölkerungsreichste Gemeinde des Tales.

Das Naturjuwel Piburger See verdankt seine Entstehung einer gewaltigen Naturkatastrophe. Nach der letzten Eiszeit versperrte der „Habicher Bergsturz“ eine parallel zum Ötztal verlaufende Talfurche an ihrem südöstlichen Ende und staute den See auf einer Fläche von 13,4 ha auf. Bereits 1929 wurde der idyllisch gelegene See zum Naturdenkmal erklärt. Er gilt als der wärmste Gebirgssee Tirols.

Spärliches Kulturland wurde in mühsamer Arbeit dem Wald abgerungen. Auf den von Siedlungen entlegenen Bergwiesen („Mähder") wurden kleine Hütten aus Holz („Piller") errichtet, in denen man das geerntete Heu bis zum Winter einlagerte. Dies war erforderlich, da einerseits auf den Gehöften die Speicher zu wenig Platz boten, andererseits der Transport im Winter mittels Schlitten („Gronsnar") einfacher und schneller zu bewerkstelligen war.

Die erste markante Erhebung im Tal: Der Acherkogel thront mit seinen 3.008 m Höhe hoch über Ötz und beherrscht die alpine Kulisse im vorderen Ötztal. Die erste nachweisliche Besteigung erfolgte am 24. August 1881 durch Ludwig Purtscheller und Franz Schnaiter.

Mehr als hundert Jahre alte Almhütten im Gurgler Tal.

Die „Bichlkirche" wurde als Ausweichkirche 1666 errichtet, damit die „Unterlängenfelder" die Möglichkeit zum Gottesdienstbesuch hatten, wenn der Weg in die Pfarrkirche durch einen der häufig auftretenden Murbrüche am Fischbach versperrt war.

... im Feld

Facettenreiche Farbtupfer auf grünem Grund bekleiden die steinernen Bergriesen und breiten sich im Tal wie ein saftiger Teppich aus. Hier schöpft die Bergnatur aus ihrer Fülle. Sie, der so oft ein karger und geiziger Charakter zugesprochen wird.

Doch das Leben im Feld bestimmt alles andere als knappe Eintönigkeit. Es ist ein buntes Miteinander von unzähligen Lebewesen pflanzlicher und tierischer Natur. Wie kaum an einem anderen Ort am Berg wird hier der Wandel der Jahreszeiten sichtbar. Und es scheint jedes Jahr aufs Neue wie ein Wunder, wenn es nach dem Abschmelzen der winterlichen Schneedecke wieder grün wird im Tal und die ersten zarten Frühlingsblumen sprießen. Löwenzahn und Gänseblümchen, Frauenmantel und Augentrost, Ringelblume und Arnika. Klingende Namen, die dem Blütenzauber in seinen vielfältigen Gestaltungen Ausdruck verleihen.

In den Alpen ist diese Vielfalt die Frucht mühsamer menschlicher Arbeit über die Jahrhunderte, die Biodiversität ein Produkt des Wechselspiels zwischen Natur und Kultur. Boden und Grundlage des Überlebens in den Bergen sind die Felder, von den Talwiesen bis hinauf zu den Bergmähdern, in die höchsten und steilsten Regionen. Widerstandsfähigkeit und Intensität der Pflanzen steigen mit der Höhe, so manches Heilkraut schöpft hier seine Kraft, umschwirrt, bezirzt und umgarnt von unzähligem Kleingetier. Jede Art trägt dadurch in ihrer Einzigartigkeit zur ökologischen Balance bei.

Es ist des Lebens Fülle, bis ins kleinste Detail. Ein eigener Kosmos im Miniformat, der sich nur in der Nahaufnahme präsentiert und sich dem auftut, der sich klein macht und bückt. Der sich Zeit nimmt und schaut, riecht, lauscht und staunt ob der Wunderwelt im Feld.

Kühle Nächte überziehen im Spätsommer die Wiesen mit einem zarten Wasserschleier: dem Morgentau.

Der Hochalpenapollo kommt in Höhen von 1.600 bis 2.500 m vor und hält sich bevorzugt in feuchten Schluchten oder Hochtälern auf. Der gemeine Apollo hingegen fühlt sich in Höhen zwischen 1.000 und 2.000 m wohl und flattert gerne über blütenreiche Bergwiesen. Leider trifft man diesen markanten Falter nur noch selten an.

Im weißen Blütenmeer
der Margeriten bilden
Witwenblumen und die
filigranen Wiesen-
glockenblumen abwechs-
lungsreiche Farbtupfer.

Die Witwenblume ist ein Kardengewächs
und ähnelt den Korbblütlern, zumal ihre Köpfchen
aus bis zu fünfzig Einzelblüten bestehen.

Die Wiesenglockenblume gedeiht bis in Höhen
von 1.400 Metern. Abends und bei Regen
senkt sie ihre Blüten, um den Pollen vor Nässe
zu schützen.

Die Wiesenmargerite oder auch Wiesen-
wucherblume ist eine Vertreterin der Korbblütler
und blüht von Mai bis September.

Erst bei näherer Betrachtung offenbart sich die Ästhetik manch wenig beachteter Blüten. Ihre Farben, Formen und Düfte sind Lockmittel für Insekten verschiedenster Art.

Die bärtige Glockenblume ist in den Alpen in einer Höhe von 1.000 bis zu 2.700 m heimisch. Zur Abwehr ungeliebter Kriechinsekten dienen ihre bis zu fünf Millimeter langen Härchen.

Das aufgeblasene Leimkraut gehört zu den Nelkengewächsen und gedeiht auf nährstoffarmen, trockenen Böden.

Ameisen „züchten“ Läuse, indem sie diese zu Nahrungsquellen bringen. Als Gegenleistung laben sie sich an dem Sekrekt, das die Läuse abgeben.

Die Dickkopffliege ist ständig in Bewegung und selten sitzend anzutreffen. Als Hummelparasit legt sie ihre Eier in akrobatisch anmutenden Flügen an Hummeln ab, die von diesen unbemerkt in ihre Nester gebracht werden. Der Parasit ernährt sich bis zur Verpuppung von den Vorräten und Larven des Hummelvolkes.

Balanceakt eines Marienkäfers auf einem Grashalm. Der Lieblingskäfer vieler Kinder ernährt sich ausschließlich von Blattläusen und ist daher ein ausgesprochener Nützling.

Wie funkelnde Glasperlen schmücken Wassertropfen das Netz einer jungen Trichterspinne.

Ihren Namen verdankt die seltene Skorpionfliege dem zangenartig ausgeprägten Genitalteil des Männchens.

Die gemeine Waldschwebfliege ist bis in hohe Lagen zu finden. Sie lebt an Waldrändern, Lichtungen und Wegen und überwintert im Boden.

Ein Apollo-Falter auf einer seiner bevorzugten Pflanzen: der bunten Kronwicke.

Der Perlmuttfalter ist in Höhen bis zu 2.000 m zu Hause. Er liebt ein reiches Vorkommen an Blüten, besonders das stark duftende Mädesüß.

Nach einer langen Metamorphose von der Raupe über die unscheinbare Puppe entfalten sich schließlich schwebende Grazien. In vielfältigen Farben und Mustern zählen sie zu den wohl schönsten und anmutigsten Insekten unserer Felder. Durch die Kälte der Nacht in Starre gefangen, flattern sie geweckt durch die wärmenden Strahlen der Morgensonne in den neuen Tag.

Ein schwarzer Kommastrich im Vorderflügel des Männchens gibt dem Dickkopfkommafalter seinen Namen. Die Raupe spinnt mehrere Grashalme zu einem „Zelt“ zusammen.

Bläulinge bilden eine große Familie unter den Schmetterlingen. Sie kommen weltweit in etwa 6.000 Arten vor. Fast alle europäischen Arten haben bläuliche Flügeloberseiten, von denen sich ihr Name ableitet.

Das grüne Heupferd gehört zu den häufigsten Laubheuschrecken Europas. Seine Fühler sind mindestens so lang wie sein Körper, die Gehörorgane liegen in den Vorderbeinen.

Der Königskerzenmönch protzt im Raupenstadium mit auffällig gelben Farbtupfern. Später entwickelt er sich zu einem unscheinbaren, in Tarnfarben getauchten Falter.

Honigbienen sind die wichtigsten Blütenbestäuber. Allein ihrem Fleiß verdanken achtzig Prozent unserer Kulturpflanzen das Überleben. Bereits seit Jahrtausenden nutzt der Mensch auch die süßen Vorzüge dieses Insekts.

Erster Raureif nach kalten Nächten pinselt Farbe in die frühherbstliche Flora.

Der Wiesenklee ist eine ausdauernde Pflanze, die Dank ihrer bis in zwei Meter Tiefe reichenden Wurzeln auch auf kargen und trockenen Böden gedeiht. Ihre hartschaligen Samen können unter günstigen Bedingungen länger als hundert Jahre keimfähig bleiben.

Lupinen und Speik fügen sich harmonisch in dieses lila Farbspiel ein.

Die Lupine, auch Wolfsbohne genannt, wurde 1829 aus Nordamerika eingeführt. Früher als Nutzpflanze angebaut, wird sie heute aufgrund ihrer rasanten Ausbreitung als Unkraut gescholten.

Der Speik ist ein Primelgewächs und ist auf nassen Wiesen und Steinrasen beheimatet.

Der Türkenbund ist im alpinen
Raum eine besonders seltene
und geschützte Lilienart.
Seinen Namen verdankt er der
Blütenform, die einem
türkischen Turban ähnelt.

Wenn sich scheue
Waldbewohner ins freie
Feld wagen …

… am Wasser

Quell allen Lebens, Urelement allen Seins. Immer im Fluss, immer anders und doch beständig, seit Jahrtausenden. Sinnbild des ewigen Kreislaufs der Natur. Den natürlichen Gesetzen gehorchend fließt das Wasser von oben nach unten, verbindet den Berg mit dem Tal. Entsprungen aus den Tiefen der Gebirgswelt bahnt es sich seinen Weg. Leise plätschern zahllose Quellen, rinnen als muntere Gebirgsbächlein über Stock und Stein, stürzen sich Bahn brechend als Wasserfälle über Felsstufen und vereinen sich im unverkennbaren Rauschen der Ötztaler Ache. Sie bestimmt das Tal, gespeist aus unzähligen Wasserläufen, gibt ihm die Form und prägt die Landschaft. Bei Gewitter mit Starkregen verwandeln sich scheinbar friedliche Gebirgsbäche innerhalb weniger Minuten zu reißenden Strömen. Steine und Felsbrocken donnern mit ins Tal, Plätschern mutiert zu unheimlichem Grollen. Mystische Wesen bevölkern dann wie seit jeher die Alpengewässer und die Fantasie der Menschen.

Die Berge stehen Kopf, taucht der Blick in das glasklare, reine und unvergleichlich blaugrüne Schimmern eines Gebirgssees. Kalt und feucht, ruhig und fließend, reinigend, erfrischend, befreiend und heilend, meditativ, launisch, existentiell und Existenz bedrohend – Wasser ist Vielfalt. Vielfältig ist auch die Beziehung der Menschen zum Wasser: Quellwasser, Grundwasser, Trinkwasser, Thermalwasser, Heilwasser, Weihwasser.

Und eines hat das Wasser den Menschen im Tal mehr als einmal abgerungen: Respekt. Respekt vor seiner gewaltigen, unbändigen, unberechenbaren, zerstörerischen, entfesselten, oft auch tödlichen, alles mitreißenden Urkraft.
Es ist ein kostbares Gut. Schützen wir das Wasser, schützen wir uns. Schätzen wir es.
Aber unterschätzen wir es nie.

„Das Prinzip aller Dinge
ist das Wasser;
aus Wasser ist alles
und ins Wasser kehrt
alles zurück.“

(nach Thales von Milet in Goethes Faust)

Die Gurgler und Venter Ache bilden ab Zwieselstein die Ötztaler Ache, einen der wasserreichsten Nebenflüsse des Inn. Auf 35 Kilometern entwässert sie ein Einzugsgebiet von 984 km^2. Zwischen Tumpen und Habichen stürzen die Wassermassen tosend durch das sogenannte „Tumpener G'stoage“. Zur Zeit der Schneeschmelze in Verbindung mit Starkregen birgt sie nicht unerhebliches Gefahrenpotential.

Der Timmelsbach sammelt seine Wasser aus den Karen des Timmelstales
und mündet oberhalb von Zwieselstein in die Gurgler Ache.

Ruhig fließt der Horlachbach nach seinem Sturz aus großer Höhe unterhalb des Stuibenfalls durch lichten Wald.

Die Wasseramsel nistet bevorzugt im Uferbereich von unverbauten Wildbächen. Sie ist der einzige Singvogel, der wie ein Pinguin unter Wasser schwimmt und dort überwiegend seine Nahrung findet.

Libellen, räuberische Flugakrobaten an stillen Gewässern. Die Herkunft ihres Namens wird in „Libellula" vermutet. Abrupte Richtungsänderungen vollführt sie durch ihren außergewöhnlichen Flugkörper, indem sie ihre Flügel unabhängig voneinander bewegt.

Von der Morgensonne beleuchtete Berghänge
spiegeln sich im klaren Wasser der Gebirgsseen
und tauchen sie in goldenes Licht.

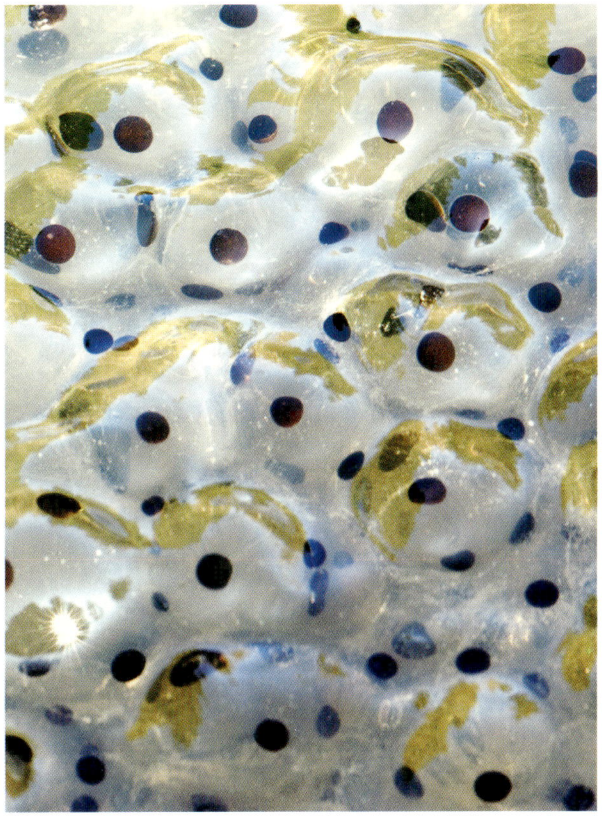

Im Frühjahr überzieht Froschlaich kleine stehende Gewässer.
Nur wenige dieser schwarzen Punkte schaffen die Entwicklung zu einem solchen Prachtexemplar wie dieser Grasfrosch.
Grasfrösche sind die widerstandsfähigsten unter den europäischen Froschlurchen. Noch bei Kälte und Schnee erwachen sie aus ihrer Winterstarre. In Paarungslaune versuchen die Männchen sich eines der begehrten Weibchen durch Umklammern zu sichern.
Bis zu 4.000 Eier legen diese in Folge in zwei Laichklumpen in stehenden Gewässern ab.

Die Abflüsse aus mehreren Gletschern liefern dem Stuibenfall bei Umhausen an Spitzentagen bis zu 2.000 Sekundenliter Wasser. Mit seiner elementaren Kraft bearbeitet er unentwegt den Fels, bohrte sich im Laufe der Jahrtausende durch ihn hindurch und bildete eine einzigartige Steinbrücke. Durch dieses Tor stürzen die stiebenden Wasser, die dem Stuibenfall den Namen gaben, über zwei Stufen 159 m in die Tiefe. Dieses beeindruckende Naturschauspiel zieht jährlich tausende Besucher in seinen Bann.

Schneereste im Bachbett der Rofen Ache
zeugen bis weit in den Sommer hinein
von Lawinenabgängen in strengen Wintern.

Der Fundusbach schlängelt sich durch
herbstlich gefärbte Almmatten.

... im Wald

Lebensraum und Raum voller Leben. Domizil für winzige Insekten und scheue Säugetiere, Heimat von Jahrzehnte alten Baumriesen. Ob Fichten, pfeilgerade zum Himmel ragend, oder Zirben, gekrümmt sich widrigen Bedingungen zur Wehr setzend. Ob Lärchen, die Berghänge golden färbend oder Laubbäume, die das herbstliche Farbenspiel mit einer Palette von Rottönen bereichern. Sie sind die Akteure des Waldes.

Atemberaubend ist das Licht- und Schattenspiel, wenn die Sonne mit ihren Strahlen die dichten Baumkronen durchdringt und die Riesen ihre Schatten werfen. Dann werden die Grenzen zwischen Hell und Dunkel verschoben. Wie verzaubert gibt sich die Natur diesem Ereignis hin und auch der Mensch kann sich verzaubern lassen, indem er die geheimnisvollen Stimmungen wahrnimmt und Inspiration und Energie schöpft für seine Mühen, seinen Alltag.

Im Lauschen auf die Geräusche des Waldes können wir vielleicht die Geschichten hören, die uns der Wald aus dem Fundus seines jahrhundertlangen Bestehens erzählt. Jahrhunderte, die wir wieder finden in den Jahresringen eines Baumes. Kreise fügen sich, einer um den anderen, regelmäßig oder unregelmäßig zusammen, ein Sinnbild auch für das Leben des Menschen.

Seit jeher macht sich der Mensch die Güter des Waldes zu nutzen. In mühevoller Arbeit gewinnt er das Holz, das ihm zum Dach über dem Kopf wird oder in kalten Wintertagen Wärme spendet. Rot und dunkelblau zeigt sich im Spätsommer der Waldboden, Beeren und Pilze warten darauf, gepflückt und zu kulinarischen Köstlichkeiten verarbeitet zu werden.

Der Wald – grüne Lunge der Erde, Heimat für zahllose Tier- und Pflanzenarten und Schutz für den Siedlungsraum in alpinen Regionen.

Dicht bewaldet präsentieren sich die steilen Berghänge zu beiden Seiten des Tals. Unzählige Baumriesen ragen aus dem Boden, sich synchron im Wind wiegend und ineinander greifend. Majestätisch tragen sie ihr dunkles Grün zur Schau und suchen tief wurzelnd nach Stabilität im Hang. Wie ein mächtiges Heer stehen sie dicht an dicht, schützen vor Erosion und verwehren es den Schneemassen, ungehindert ins Tal zu donnern. Der Wald, Schutzmacht und von existenzieller Bedeutung für das Leben im Tal.

Die Waldrebe ist die einzige Lianenart in den Alpen. Die mehrere Meter langen Triebe dieses Hahnenfußgewächses umranken vorzugsweise Sträucher und Äste an Waldrändern.

Die zart gestreiften Blüten des Waldsauerklees findet man im Frühjahr zu Hunderten im Schatten von Nadel- und Mischwäldern.

Buschwindröschen nutzen im Frühjahr die durch das noch lichte Blätterdach fallenden Sonnenstrahlen. Während die Bestäubung durch Insekten erfolgt, sorgen Ameisen für die Verbreitung der Samen.

Mit den zierlichen Blüten der Leberblümchen blinzeln erste Frühlingsboten durch die bereits löchrige Schneedecke und bilden Farbflecken im apernden Wald.

Die Blütezeit der einzelnen Blüte dauert nur etwa eine Woche. Die violette Farbgebung basiert auf einem Farbstoff, der die Fähigkeit besitzt, Licht in Wärme umzuwandeln. Damit schützt sich das Blümchen vor Frost und Kälte.

Lautlos wiegen sich die winzigen, glockenförmigen Blüten des Maiglöckchens im Wind, als wollten sie die einziehende warme Jahreszeit mit ihrem stummen Geläut willkommen heißen.

Absterbende Organismen bilden die Grundlage für neues Leben.

Eine gelb gefärbte Flechte zeichnet abstrakte Gemälde an den Fels.

Mit dem Rückbau der alten Feld- und Flurmauern verliert die Zauneidechse ihren bevorzugten Lebensraum. Das immer seltener werdende Reptil braucht wie alle ihre Artgenossen sonnige Plätze um ihren Körper aufzuwärmen.

Die Ringelnatter kann über einen Meter lang werden und hält sich gerne nahe am Wasser auf. Die ausgezeichnete Schwimmerin hat als markantes Kennzeichen zwei halbmondförmige Flecken hinter ihrem Kopf.

Der Birkhahn, auch Spielhahn genannt, trägt als auffälliges
Kennzeichen beidseitig einen roten Kamm.
Nur im Frühjahr zeigen diese scheuen Waldvögel ihr Balzritual
und verfallen dabei in einen tranceähnlichen Zustand.

Das Eichhörnchen hingegen
zeigt sich unbeeindruckt vom rituellen
Gezeter in der Waldlichtung.

Europas größter Hühnervogel ist der
seltene Auerhahn, der nur in alten
unberührten Bergwäldern anzutreffen ist.

Unser Wald wächst wieder. In den letzten Jahrzehnten hat der Waldanteil in Tirol um fünf Prozent zugenommen. Im Ötztal sind lediglich fünfzehn Prozent der Gesamtfläche mit Bäumen bedeckt, da große Gebiete im hochalpinen Raum über der Baumgrenze von etwa 2.400 m liegen.

Laubbäume sind den klimatischen Bedingungen zufolge nur im vorderen Ötztal anzutreffen. Den Großteil des Waldbestandes bilden widerstandsfähigere Nadelhölzer.

Der Wald wird falb, die Blätter fallen, wie öd und still der Raum… (nach Eichendorff)

Der Tannenhäher lebt in Nadelwäldern der Gebirge und ist im Winter mitunter auch in der Nähe von Bergdörfern anzutreffen.

Auch die quirlige Tannenmeise hält sich gerne im Bergwald auf. Mit ihrem pinzettenartigen Schnabel holt sie selbst zwischen Nadelbüscheln kleinste Insekten heraus.

Absterbende Bäume sind die
Heimat des Buntspechts.
Er ist ein wahrer Kletterkünstler.

Der Gesang der Meisenvögel, das Krächzen des Tannenhähers und das Klopfen des Buntspechtes durchdringen die Stille des Winterwaldes.

Die Kohlmeise ist die größte
und bekannteste Meisenart.
Besonders markant ist ihr gelb
gefiederter Bauch.

Es ist ein harter Überlebenskampf
für die scheuen Rehe in alpinen Regionen.
Nur die Widerstandsfähigsten dieser
zierlichen Waldbewohner können sich in
schneereichen Wintern behaupten.

In feuchtkalter Luft überzieht Raureif die Natur mit einem bizzaren Kleid.

… im Eis

Als Kind einer kalten, klaren Nacht überzieht es die Landschaft mit feiner Glasur, um dann in der wärmenden Sonne des Tages rasch wieder zu vergehen. Winzige Kristalle, Tropfen, Kappen, Zapfen oder bizarre Gebilde, das alles ist Eis – gefrorenes Wasser. Wir erfreuen uns daran und wissen doch wie vergänglich diese Pracht ist. Eis ist ein dynamischer Stoff und reagiert rasch und empfindlich auf Veränderungen im Temperaturgefüge.

Besonders eindrücklich vor Augen geführt wird uns diese Tatsache an den Gletschern, die im Ötztal „Ferner“ (von Firn = Schnee aus dem vergangenen Jahr) heißen. Schon in grauer Vorzeit faszinierten und beschäftigten die Ferner die Menschen. Waren es ehemals die Saligen (leuchtenden, strahlenden) Fräulein, die in ihnen wohnten und armen Bauern halfen, wenn sie der Natur mit Respekt begegneten, so sind sie heute teilweise touristisch „erschlossen“ und bergen dennoch Gefahren. Vor 10.000 Jahren zog sich das Eis der letzten großen Eiszeit aus den Tälern der Alpen zurück und hinterließ in den Ötztalern die stärkste Vergletscherung der Ostalpen und die für den Gletscherrückzug so typischen Trogtäler. Heute sind von den Fernern nur noch kümmerliche Reste übrig. Aber diese reichen immer noch aus, den Menschen, der sie betritt, in Staunen und manchmal auch in Angst zu versetzen. Staunen über die gigantischen Dimensionen und Angst vor dem Ungewissen, dem nicht Kalkulierbaren. Riesige Gletscherspalten durchziehen das Ewige Eis und lassen uns manchmal in dunkle, unendlich tiefe Abgründe blicken. An anderer Stelle bildet Schmelzwasser ein kleines Rinnsal, das größer wird, in so genannten Gletschermühlen verschwindet und an der Gletscherzunge als reißendes Wasser wieder zum Vorschein kommt.

Eis und Schnee sind wahre Künstler. Kein anderes Medium verändert das Erscheinungsbild einer Landschaft innerhalb kurzer Zeit so auffällig. Eis und Schnee sind aber auch bedeutende Süßwasserspeicher, mit denen wir verantwortungsbewusst umgehen sollten.

Der Taschachferner an der Westseite der Wildspitze ist einer der großen noch verbliebenen Gletscher in den Ötztaler Alpen. Langsam fließt das Eis talwärts, setzt unglaubliche Kräfte frei und bildet gigantische Eisbrüche.

Klirrende Kälte und der zunehmende
Mond sind die Baumeister für
unterschiedliche Eisformationen.

Der Herbstwind bläst bunt
gefärbte Blätter von
den Bäumen. Regentropfen
fallen leise auf das welke
Laub, verbünden sich mit
ihresgleichen und erstarren
alles umschließend
nach wenigen Augenblicken.

Das munter plätschernde Bächlein des Sommers schrumpft im Herbst zum Rinnsal. Stein und Gras sind bereits von Frost umhüllt. Nur noch als leises Gluckern hörbar, verkriecht sich das glitzernde Nass schließlich unter einem dicken Mantel aus Eis, bis die wärmenden Strahlen der Frühjahrssonne es zu neuem Leben wecken.

Die erste Kälte des nahenden Winters
verziert die Ufer der Gebirgsbächlein
mit hauchdünnem Eis. Goldfarben
zeigt sich das Wasser, als wolle es damit
seinen wahren Wert unterstreichen.

Der gewaltigste Gletscher in den Ötztaler Alpen, der Gepatschferner, bildet gemeinsam mit dem Kesselwandferner auf etwa 18 km^2 die größte zusammenhängende Gletscherfläche Österreichs.
Auch die großen Gletscher leiden unter der globalen Erwärmung. So schwanden die Eismassen des Gepatschferners allein in den Jahren 2004/2005 um mehr als einhundert Meter.

Eis in seiner mächtigsten Dimension am Taschachferner.

… am Berg

Kein Tal ohne Berg. Kein Unten ohne Oben. Die Gipfel glänzen erhaben im Sonnenlicht. Die Auffaltung vor ungezählten Jahren machte sie zu dem, was sie sind: starre Riesen in Raum und Zeit, Symbol von Ewigkeit. Trotzdem nur Teil eines Ganzen und den Veränderungen durch die Gesetze der Natur unterworfen.

Zahllose Gipfel ragen gen Himmel. Hinauf auf 3.774 m über dem Meer reicht des Ötztals höchste Erhebung, die Wildspitze. Die magische Kategorie, ein Berg mit über 3.000 Metern Höhe zu sein, teilt sie sich mit 250 weiteren in der Region. Darunter befinden sich alpinistische Sehnsüchte wie Hochwilde, Weißkugel, Similaun. Jedoch, Höhen und Zahlen sind in Anbetracht ihrer kläglichen Beschreibung dieser massiven Berggrößen entbehrlich. Was zählt, ist die Beziehung der Menschen zu den Bergen an und mit denen sie leben. Eine Beziehung, die sich verändert, einem Wertewandel unterworfen ist: Von der Verehrung als Sitz der Göttin, über Feinde, die es zu bezwingen galt, bis zur Verdinglichung als Sportarena.

Doch Berge sind keine Dinge, sie sind Bedingung. Lebensbedingung ohne auf den ersten Blick lebendig zu sein. Scheinbar unnahbar und doch nicht getrennt vom Leben im Tal. Dadurch wird aus einer Beziehung Kultur, die die Menschen in den Bergregionen prägt. Des Lebens Vielfalt am Berg in seinen unzähligen Schattierungen trotzt jeder Rede von Schwarz und Weiß, jeder vereinfachten Einteilung in Fels und Eis. Das Leben am Berg ist mehr und eröffnet sich oft erst auf den zweiten Blick. Der Berg macht ein Rendezvous mit ihm nicht leicht. Das Hochsteigen ist mühsam, strapaziös, mitunter gefährlich. Doch im Begehen entsteht Begegnung, dann, wenn er unser Innerstes berührt. Wer die Berge zur Kulisse degradiert, hat weder ihr noch sein eigenes Dasein verstanden.

Stück für Stück rangen die ersten Siedler dem Wald wertvolles Kulturland ab, in mühevoller Handarbeit bis hinauf in die Hochtäler. Große Felsbrocken, so genannte Findlinge, konnten mit den damaligen Gerätschaften nicht entfernt werden und blieben liegen. Heute werden immer weniger dieser Flächen landwirtschaftlich genutzt. Der Wald erobert sich langsam sein Territorium zurück.

Gletscher überzogen während der Eiszeit riesige Waldflächen. Nach dem Rückzug des Eises bildeten sich Seen, die im Laufe der Zeit teilweise verlandeten und Hochmoore entstehen ließen. Das Wollgras ist eine typische Pflanze dieser Feuchtgebiete. Die „Wattebäusche" zeigen die Pflanze allerdings nicht wie oft angenommen blühend, sondern bereits im fruchtenden Zustand.

Auf steinigen Matten im Hochgebirge kann während der Sommermonate auch der kleine Steinschmätzer beobachtet werden. Im Winter zieht es ihn in südliche Gefilde.

Wannenkarsee im Windachtal.

Neugierig späht das Murmeltier aus dem Bau, in dem es einen langen Winterschlaf hält. Den kurzen Sommer nützt es, um sich ausreichend Fettreserven anzufressen. Während dieser Zeit, bringen die „Furmenten", wie sie im Ötztal genannt werden, auch „das Heu ein". Gräser werden knapp über der Wurzel abgebissen und in der Sonne getrocknet. Für den Nestbau benötigt eine Familie bis zu zehn Kilogramm Heu. Nach dem Ende des Winterschlafes wird das ganze Heu sorgfältig heraustransportiert und die bis zu hundert Meter langen unterirdischen Gänge gesäubert.

Ergebnis eines außergewöhnlichen Rendezvous zwischen Bergziege und Steinbock.

Die Kiesel-Polsternelke schafft durch ihren polsterförmigen Wuchs ein eigenes Mikroklima und gedeiht daher auch im unwirtlichen Hochgebirge.

Mit ihrem unterschiedlichen Aussehen erfreut die Küchenschelle lange Zeit den Betrachter, zuerst mit ihrer sehr frühen lila Blüte, später mit ihrem behaarten Fruchtstand, der auch Teufelsbart oder Hexenbesen genannt wird.

Kleine Alpenschönheiten trotzen erfolgreich den widrigen Bedingungen im Hochgebirge und haben dafür die unterschiedlichsten Überlebensstrategien entwickelt.

Die Mehlprimel erhielt ihren Namen von ihrer weißen, wie mit Mehl bestaubten Blattunterseite.

Die frostunempfindlichen Früchte der Preiselbeeren, im Volksmund „Granten“ genannt, vertragen Temperaturen bis zu –22 Grad Celsius. Ihren Wert als Volksheilmittel verdanken sie nicht zuletzt dem hohen Vitamin-C-Gehalt.

Die Trompetenflechte ist nur eine von zweitausend in Mitteleuropa heimischen Flechtenarten. Symbiotische Lebensgemeinschaften zwischen Pilz und Algen oder Bakterien werden als Flechten bezeichnet. Den Pilzen zugerechnet, nehmen sie als eigene Lebensform eine Sonderstellung ein; sie sind keine Pflanzen.

Flechten und Beerensträucher verwandeln das Hochgebirge in ein herbstliches Farbenmeer.

Blick von den Feldringer Böden zum Pirchkogel.

Fern von Hektik und Trubel liegt die auf 2.550 m Seehöhe gelegene Erlanger Hütte nahe dem idyllischen Wettersee. Die ersten Schutzhütten im Alpenraum entstanden Mitte des 19. Jahrhunderts.

Bergschafe auf der Hohen Mut bei Obergurgl.

Die vom Aussterben bedrohten Steinböcke wurden in den
Stubaier Alpen und am Geigenkamm erfolgreich ausgewildert.

Bäume loten ihre Grenzen aus. Gezeichnet von Wind
und Wetter, pfeilgerade zum Himmel ragend oder gekrümmt,
gleichen sie eigenwilligen Gestalten.

Das Licht der tiefstehenden Sonne streift die majestätischen Gipfel der Ötztaler Alpen.

Ein Blick zur Watzespitze. Mit 3.533 m ist sie die höchste Erhebung des Kaunergrats in den Ötztaler Alpen.

Die Alplerspitze (2.748 m) in den südlichen Ötztaler Alpen im Abendlicht.

Die Ötztaler Wildspitze (3.774 m) ist ein begehrtes Tourenziel. Ihr Merkmal, der charakteristische Doppelgipfel, macht sie im weiten Umkreis leicht erkennbar. Die Erstbesteigung gelang 1848 Leander Klotz aus Rofen. Die Aussicht ist grandios und reicht von den Berner Alpen im Westen bis zur Schobergruppe im Osten.

Die untergehende Sonne malt märchenhafte Lichtstimmungen in den Abendhimmel, ehe sie im fahlen Licht des vollen Mondes verblassen.

Der Strahlkogel ist mit 3.295 m die höchste Erhebung im Gemeindegebiet von Umhausen. Er erhielt seinen Namen von den weißen, horizontal verlaufenden Quarzschichten, die wie Strahlen das Urgestein durchziehen.

Plattachsee hoch über Längenfeld.

Das Ötztal gab einem der größten Gebirgszüge in den Ostalpen seinen Namen, obwohl es die Berggruppe nur am Rande berührt: die Ötztaler Alpen mit ihren über 700 benannten Gipfeln. Drei große Flüsse umrahmen diesen einzigartigen Landschafts- und Kulturraum: Die Etsch im Süden, der Inn im Westen und Norden, sowie die Ötztaler Ache im Osten.

Knorrige Zirbe im Balbachtal bei Ötz.

Einsame Almhütte im tiefverschneiten Finstertal bei Niederthai.

Der Winter zieht ins Land und umhüllt Almen und Berge mit seinem weißen Kleid. Das flache Licht der tiefstehenden Wintersonne wirft lange Schatten. Die Natur begibt sich zur Ruhe.

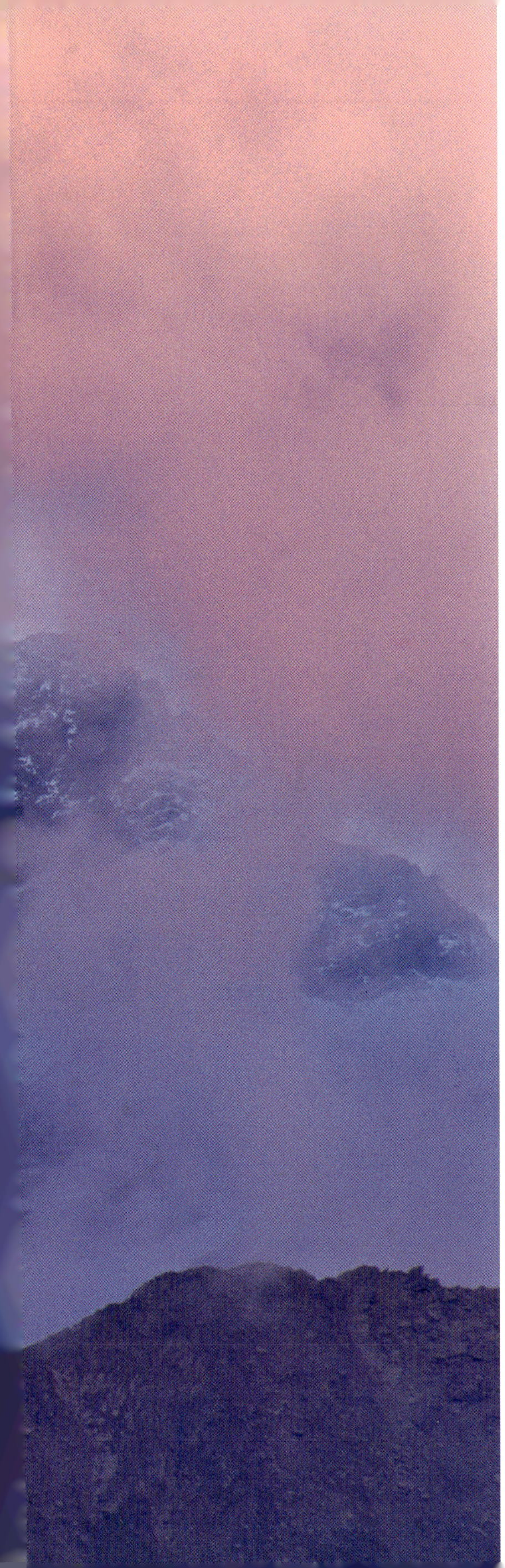

In sanften Farben begegnen sich Tag und Nacht –
ein immer wiederkehrendes Rendezvous in der Natur.

Dank

Bilder allein ergeben noch kein Buch. Daher danken wir allen, die in irgendeiner Weise am Zustandekommen dieses Buches mitgewirkt haben. Allen voran unseren Familien für die entgegengebrachte Toleranz und Unterstützung. Ein ganz großes Vergelt's Gott an Altbischof Dr. Reinhold Stecher für seine tiefsinnigen Zeilen im Vorwort zu diesem Buch. Weiters danken wir den „Textperten" für die Kapitel- und Bildtexte. Besonders Ursula Scheiber für ihre Tipps und die Texte „im Feld" und „am Berg", Ingrid Fiegl für den Text „im Eis", Hildegard Frischmann für „im Tal", Hannes Marberger für „im Wald", Claudia Scheiber für ihre Zeilen „am Wasser" sowie Michael Scheiber für seine organisatorische Hilfestellung. Ebenso Thomas Schmarda vom Naturpark Ötztal für die Unterstützung. Ein Danke auch an all jene, die hier nicht namentlich erwähnt sind, aber dennoch ihren Beitrag zu diesem Bildband geleistet haben.

Bildnachweis

Hansjörg Fiegl

Seite 10 rechts, 11, 15, 18 links, 18 rechts, 20 oben, 20 unten, 21, 22, 31, 42, 43 links, 43 rechts, 45, 47, 48, 49, 59 links, 62, 56 links, 56 rechts, 57, 73 oben, 73 unten, 74, 75, 85, 91, 93, 98 oben, 98 unten, 99, 104, 105, 107, 108, 109, 114 rechts, 115, 120, 121, 122 links, 122 rechts, 123, 124 links, 125, 127, 128, 129, 130, 131, 132 links, 132 rechts, 135 unten

Hanspeter Leiter

Seite 9, 10 links, 12, 13, 14, 16, 19, 23, 25, 26 links, 30, 32, 36 links, 36 rechts, 37 links, 37 rechts, 40 links, 40 rechts, 41, 44 links, 44 rechts, 50, 51 unten, 52 links, 52 rechts, 53, 56 links, 58, 59 rechts, 65, 68 links, 68 rechts, 69, 76 links, 76 rechts, 77, 78, 79 links, 79 rechts, 83 links, 83 rechts, 92, 100, 101, 110 links, 110 rechts, 111, 112, 113, 118, 119, 126 links, 133 links; Rücktitel

Manfred Scheiber

Titelbild; Seite 17, 26 rechts, 27, 28, 29 links, 29 rechts, 33 links, 33 rechts, 34, 35 links, 35 rechts, 38, 39 links, 39 rechts, 54, 55, 56 rechts, 57 links, 57 rechts, 60, 61, 63, 70 links, 70 rechts, 71, 72, 80 links, 80 rechts, 81, 82 links, 82 rechts, 84, 86 links, 86 rechts, 87 links, 87 rechts, 88 links, 88 rechts, 89, 90 links, 90 rechts, 95, 96, 97 oben, 97 unten, 102 links, 102 rechts, 103, 114 links, 116 links, 116 rechts, 117, 124 rechts, 126 rechts, 133 rechts, 134, 135 oben

Impressum

Umwelthinweis:
Der Inhalt dieses Buches wurde auf Papier mit chlorfrei gebleichtem Zellstoff gedruckt.
Das Einbandmaterial ist recyclebar.

Die Deutsche Bibliothek – CIP Einheitsaufnahme

Das Ötztal
Ein Rendezvous mit der Natur
Hansjörg Fiegl · Hanspeter Leiter · Manfred Scheiber
Steinfurt; Tecklenborg Verlag, 2009
ISBN: 978-3-939172-58-1
1. Auflage 2009

Siemensstraße 4, D-48565 Steinfurt

Gesamtherstellung: Druckhaus Tecklenborg, Steinfurt

ISBN: 978-3-939172-58-1